COLLECTION

DE

M. le Comte de Demandolx-Dedons

Me LAIR-DUBREUIL

M. Henri HARO

Collection de M. le Comte de Demandolx-Dedons

CATALOGUE

DE

25 Tableaux

PAR

ZIEM

ET

TABLEAUX, AQUARELLES
et DESSINS

PAR

E. MEISSONIER, MONTICELLI, HORACE VERNET
VOLLON, etc.

DONT LA VENTE AURA LIEU

Hôtel Drouot, Salle nº 6

Le Vendredi 26 Avril 1901

A 3 HEURES

EXPOSITIONS :

PARTICULIÈRE	PUBLIQUE
Le Mercredi 24 Avril 1901.	*Le Jeudi 25 Avril 1901,*

De 1 h. 1/2 à 5 h. 1/2

Mᵉ LAIR-DUBREUIL	M. HENRI HARO
Commissaire-Priseur	*Peintre-Expert*
6, Rue de Hanovre, 6	14, Rue Visconti, et rue Bonaparte, 20

1901

CE CATALOGUE SE DISTRIBUE

à Paris chez :

Me LAIR-DUBREUIL
COMMISSAIRE-PRISEUR
6, rue de Hanovre, 6

M. Henri HARO
PEINTRE-EXPERT
14, rue Visconti, et rue Bonaparte, 20

CONDITIONS DE LA VENTE

Elle sera faite au comptant.

Les acquéreurs payeront *dix pour cent* en plus du prix d'adjudication.

PRÉFACE

Dans la collection formée par M. le comte de Demandolx-Dedons et continuée par son fils, collection dont on lira plus loin le catalogue, il y a, à côté de très précieux carnets, dessins et études de Meissonier, à côté de tableaux originaux de Monticelli, un nom de peintre que l'on rencontre avec un nombre d'œuvres inhabituel, le nom de Ziem, qu'une longue amitié unit au comte de Demandolx, et ce m'est une joie de pouvoir causer du cher et vénéré maître, devant les amateurs avec qui j'ai la bonne fortune de me trouver en communion d'idées.

Cette joie, je la ressens non seulement parce que Félix Ziem apparait aujourd'hui comme l'un des plus grands, des plus admirables coloristes de notre temps, mais encore parce que, dans certaines œuvres de lui, d'une date déjà lointaine, se trouve la preuve éclatante, manifeste, indéniable, que si ce maître éminent a des attaches réelles avec l'école française de 1830, par le romantisme de son inspiration, il mérite d'être considéré comme le véritable initiateur de l'école — non moins française et non moins glorieuse — à laquelle, aux environs de 1872, on a donné le nom d'impressionniste.

Cette affirmation, je le sais — car je l'ai déjà exprimée bien des fois — rencontre encore des incrédules; certains, à qui la loi chronologique ne permet pas de reconnaitre là où la sève de personnalité déborde la tradition et devance le progrès, certains se refusent à voir dans le peintre à qui le Luxembourg doit un de ses plus purs chefs-d'œuvre, un de ceux à qui l'opinion ne décocha ce qualificatif d'impressionniste, qu'avec une nuance de mépris à peine dissimulée.

Pour nous, qui n'aimons pas d'ailleurs les étiquettes, et qui n'en voulons faire usage que comme d'un vocable facile de classification, il ne nous déplaît pas d'appliquer l'épithète d'impressionniste à Ziem, parce que le mot éveille dans l'esprit de ceux qui en comprennent toute la portée le souvenir de belles batailles livrées en l'honneur de la lumière et de la vérité; le souvenir d'une jeunesse ardente grimpant à l'assaut des routines tenant lieu de tradition; le souvenir d'admirables conquêtes accomplies dans le domaine de l'expression, et consacrées par un affranchissement d'anciennes formules qui n'avaient plus pour se défendre ni une raison logique, ni l'audace, parfois éloquente, de quelques mensonges sachant être, autrefois, aussi imposants que conventionnels.

Lorsque Ziem — prix d'architecture de la ville de Dijon, en 1839 — eut promené pendant quelques années sa curiosité de Lyon à Marseille, et de Marseille à Venise, puis en Turquie, puis en Asie, puis autre part — car, il fut et il est encore un voyageur endurci — quand, après quelques années, son habitude d'une étude incessante lui eut mis en mains la maîtrise de son art; alors, sans souci de ce qu'on pourait dire de lui et autour de lui, avec la seule joie — une joie qui dure sans lassitude depuis soixante ans — avec la seule joie de peindre, il raconta, en des tableaux, ses enthousiasmes de couleur, d'atmosphère, de rêve et de réalité : il vécut dans un monde où il lui sembla bien que tout ce qui existait ne devait se rapporter qu'à son art. Les fleurs et les fruits, le soleil doré et le soleil de feu, la lune qui passe étincelante et frileuse dans l'ouate des nuages, au-dessus des eaux miroitantes, et les belles étoffes, et les nappes bleues de la Méditerranée, les bateaux de Venise et de Constantinople, et les palmiers de Kartoum, et les pâturages de Hollande, et l'enchantement de Venise, la Venise des Doges, la Venise hantée par les souvenirs de l'antique république de broderie et de de sang, et les belles filles au teint bronzé, le col découvert, les bras nus, qui s'en allaient vendre des fleurs du côté du Rialto, et les flamants aux pattes fines, aux ailes rosées comme un ciel d'aurore, et les ciels d'azur, les ciels d'incendie, les ciels d'ombre, tout ce que la création offre de splendeur à l'œil de qui sait y démêler de la splendeur, tout cet infini, incessamment varié, qui évolue et se renouvelle, tout cela Ziem en fit son modèle, sa chose : il s'y grisa, il y dépensa sans compter son âme et son génie ; et pour tout traduire ainsi qu'il le voyait, ainsi qu'il le sentait, ainsi qu'il le voulait dire, complètement, parfaitement, avec une sorte d'instantanéité dans l'interprétation, il trouva une manière à lui, une manière qui devait, vingt ans plus tard, devenir la loi d'une des plus fécondes écoles que l'Histoire de la peinture ait jamais connue; il fut impressionniste, naturellement impressionniste, magnifiquement impressionniste ! La collection du comte Demandolx nous en offre, entre autres, deux preuves flagrantes, dans ces deux chefs-d'œuvre : Troupe d'oies traversant la Seine, aux environs d'Argenteuil, *et* Vaches paissant dans la campagne de Dordrecht.

Mais, que lui importe, au cher grand artiste, qu'on veuille voir en lui un initiateur d'école et un maître, dans la plus large acception du terme ! Il est, il ne veut être qu'un peintre, un peintre éperdument épris de son art, jaloux jusqu'au scrupule de la dignité de cet art, possédant, plus qu'aucun autre d'aujourd'hui, la technique de cet art, technique des matières employées, technique de la trituration première de ces matières : le reste n'est rien pour lui et n'arrête pas son attention.

Ceux qui ont le rare bonheur de pénétrer dans son intimité le savent bien ; dans son atelier de la rue Lepic, à Paris, ou dans sa maison des Martigues — dont un tableau de M. Malfroy qui fait partie de cette collection nous donne l'image — ou dans son atelier de la Baie des Anges, à Nice, Ziem ne se départit pas de son calme gai et de sa volonté de demeurer assidu à son chevalet ; avec une verve qui a toujours vingt ans, il poursuit son œuvre, la main solide; et le soir, quand il doit à ses yeux, les deux acolytes de toutes ses joies, un temps de repos, il songe, il rêve, il écoute la douce musique de sa philosophie courageuse et saine; il ouvre les yeux de son âme sur sa conscience, et en communion de pensées avec l'âme de ses moralistes préférés, Plutarque, Confucius, Marc-Aurèle, Saint Augustin, Platon, il s'interroge sur les plus ardus problèmes de la métaphysique, et il aboutit, parce qu'il est infiniment bon, à des données de psychologie infiniment humaines.

Tandis que je regardais les tableaux de la collection du comte de Demandolx, tableaux que Ziem créa à des dates déjà lointaines, j'évoquais en mon souvenir les premiers entretiens que j'eus avec le vénéré maître, il y a bien près de vingt ans, et ceux que nous tenions à Paris l'été dernier, et je me sentais comme enveloppé de l'émotion et de l'admiration qui vous poigne devant ce vieillard si simple, si bienveillant, si loyal; j'aurais voulu courir à l'atelier de Sainte-Hélène pour retrouver une de ces heures exquises, où dans un curieux désordre de paroles il sait remuer tant d'idées, tant de belles idées originales présentées en un verbe abondant et imagé. A défaut de pouvoir satisfaire ce désir, j'ai tenu, en tête de ces pages où sont décrites des œuvres admirables de lui, à saluer sa grande figure qui plane radieuse dans le ciel de l'art contemporain. J'ai tenu à répéter, alors que les pouvoirs publics l'oublient, que Ziem était une de nos gloires les plus pures; j'ai tenu, après m'être pénétré de cet idéal spécial dont il illumine ses œuvres, telles les toiles qui enrichissent la collection de Demandolx, à le remercier publiquement du haut enseignement que l'on recueille d'une heure passée à son foyer, dans le chaud effluve de sa sympathie; car il est de ceux, il est de ces artistes d'élite, moins bien connus, moins complètement connus qu'on ne croit, qu'il faut comprendre non seulement par les yeux, mais aussi par le cœur; les joies qu'il nous donne, et cela parce qu'il les a vécues et qu'il a mis de son âme dans leur traduction, les joies qu'il nous donne sollicitent notre émotivité à l'égal de notre sensibilité. C'est pourquoi, à l'instant où l'on va disperser vingt cinq œuvres de lui, vingt cinq œuvres qui le représentent à des étapes variées de sa carrière, on m'excusera d'avoir trop peu parlé de la vente dont le succès est assuré, et beaucoup de l'homme à qui je ne trouve jamais qu'on fasse assez large la mesure d'admiration qui lui est due.

Il faut cependant que je m'arrête un instant devant les œuvres de Monticelli, que le comte de Demandolx a réunies avec un goût très sûr. Monticelli : celui-là aussi fut un passionné de la couleur. S'il a subi, un temps, l'influence de Diaz et de quelques autres maitres, chez qui il fréquenta, avant 1870; s'il s'est attendri devant le rêve élégant qui chante dans l'inspiration de Watteau et de Fragonard, il est revenu rapidement à une manière qui lui appartient en propre : il a trouvé, pour traduire la société imaginaire qui vivait en son cerveau, une formule étrangement puissante, une formule synchromatique, dont il a joué avec une liberté et une audace vraiment extraordinaires.

Lui aussi est un romantique, un évocateur de nobles châtelaines et de gentilshommes aux allures moyenâgeuses qui participent de l'histoire et d'une sorte de caprice fantastique. Il n'est pas jusqu'aux chiens qu'il choisisse spécialement parmi la race des épagneuls, parce que leur silhouette auprès des robes de brocart et des manteaux de velours a plus d'élégance et de noblesse.

Il fallut un long temps, pour que l'art de Monticelli fût goûté d'un public autre que celui qui, après avoir aimé le peintre, avait eu foi dans la survie de son œuvre. Aujourd'hui, Monticelli apparait avec l'auréole de gloire qui lui est due. On le verra au jour où l'on dispersera les morceaux de choix que le comte de Demandolx possède de lui.

L. ROGER-MILES.

Mars 1901.

ZIEM (F.)

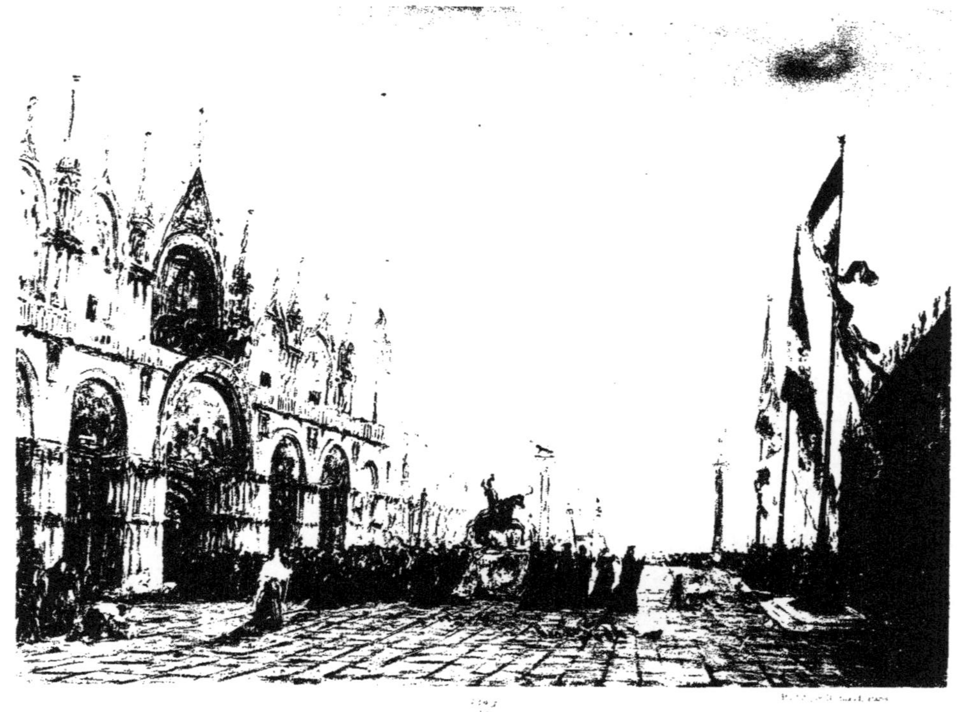

LE TRIOMPHE DE SAINT GEORGES MAJEUR

DÉSIGNATION

TABLEAUX

ZIEM

1 — *Le Triomphe de saint Georges majeur.*

La place Saint-Marc. A gauche, l'église, dont le porche central est ouvert. La procession en sort, se dirigeant vers le palais des Doges. Elle est précédée d'un petit saint Jean. Les hommes qui la composent, prêtres et laïques, ont revêtu la toge rouge traditionnelle. Saint Georges, en armure, sur un cheval à demi cabré, est porté sur un palanquin. A la sortie de l'église, quelques assistants s'inclinent devant le cortège ou s'agenouillent. A droite, des mâts portent les grands oriflammes aux armes de la République. Au fond, le canal dont les eaux se parent, à la surface, de reflets argentés. Et, tandis que se déroule la solennité sous la lumière resplendissante du ciel chaud et profond, au premier plan, des pigeons cherchent sur le pavé les grains de maïs oubliés.

Signé à droite en bas : *Ziem.*

Toile. Haut., 83 cent.; larg. 1 m. 15.

ZIEM

2 — *Chiozza : Pêcheurs vénitiens, matinée du mois de mai.*

On aperçoit, à droite, les constructions, la tour et un dôme. Au-devant du quai, c'est tout une file de bateaux amarrés, dont les voiles chantent, sous la grande lumière du ciel bleu, de toutes les couleurs du prisme. Il y en a de rouges, de brunes, de jaunes, de bleues. A gauche, un gondolier, en culotte sombre et blouse rouge, pousse, d'un geste violent de rames, son embarcation. Plusieurs personnes y ont pris passage. Et c'est une extraordinaire gaieté qui se dégage des choses entre le ciel d'azur profond, tempéré par des vapeurs transparentes, et l'eau où s'enfoncent les images dans un insondable chatoiement de lumière et de pierres précieuses.

Signé à droite en bas : *Ziem.*

Toile. Haut., 68 cent.; larg., 1 m. 12 cent.

ZIEM (F.)

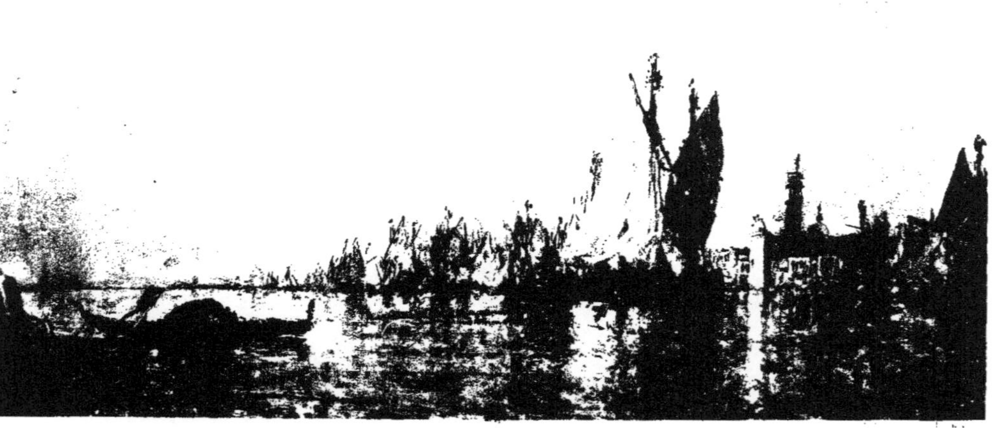

PECHEURS VENITIENS

ZIEM

3 — *Jeune Vénitienne du Rialto.*

Elle est assise, vue jusqu'au genou, les épaules légèrement découvertes, les bras nus, la tête de trois quarts à droite encadrée de cheveux fauves frisés. Sa main droite s'appuie à la hanche. Sa main gauche joue avec un médaillon retenu par une chainette autour du col. Sa chemisette blanche émerge du corsage de velours vert lacé par devant. Derrière elle, on aperçoit le canal et le ciel bleu.

Signé à droite en bas : *Ziem.*

Toile. Haut., 30 cent.; larg., 22 cent.

ZIEM

4 — *Pont du Rialto, septembre. Clair de lune.*

Le canal. A droite, les palais dressant leur masse dans l'ombre. A gauche, les constructions de l'autre rive du canal, légèrement nimbées de lumière. Au fond, le pont du Rialto, puis d'autres palais, puis la tour. La lune, disque argenté, s'illumine dans le ciel bleu où passent quelques grands nuages gris. Elle met à la surface de l'eau des reflets qui frissonnent autour de la coque légère d'une gondole, guidée d'un bras robuste par le gondolier en culotte sombre et blouse blanche.

Peint en 1854.

Signé à droite en bas : *Ziem.*

Toile. Haut., 75 millim.; larg., 90 cent.

ZIEM (F.)

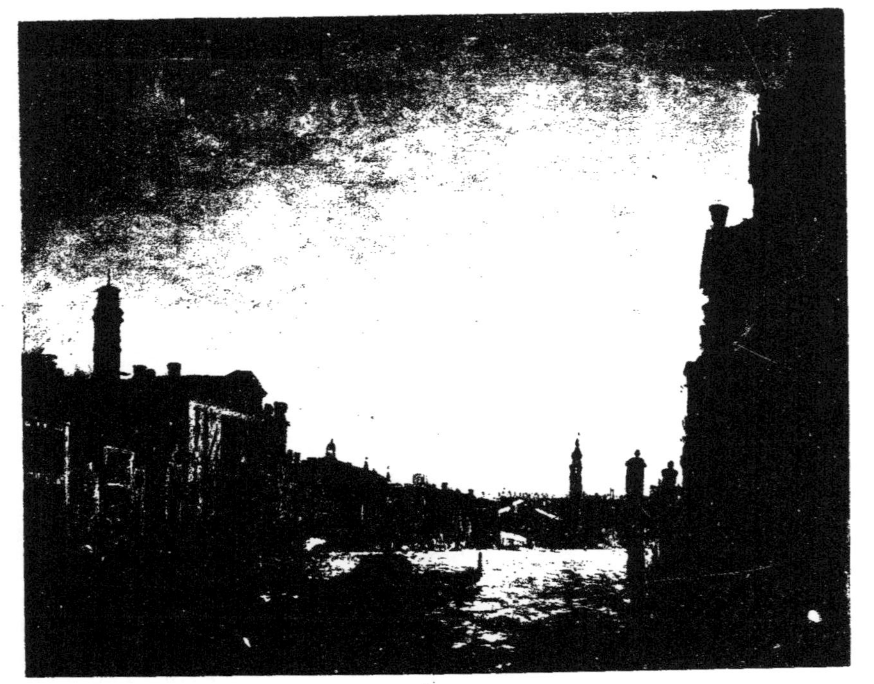

PONT DU RIALTO

ZIEM

5 — *Grand champ des morts à Scutari.*

Autour d'un arbre au tronc ramassé, aux branches puissantes qui s'étendent comme des bras protecteurs, sous le ciel bleu, les gens se sont assemblés et assis. Et ils causent des parents et des amis disparus. C'est la fête du souvenir. Et c'est, au-dessus de la terre où tant de cendres reposent, la fête de la vie recommencée éternellement.

Signé à droite en bas : *Ziem.*

Panneau. Haut., 285 millim.; larg., 475 millim.

ZIEM

6 — *Vue de Venise, le matin.*

A droite, au fond, le palais des Doges et l'église Saint-Marc. A gauche, au fond également, l'eglise della Salute. Au premier plan, du même côté, une gondole qui glisse sur l'eau miroitante du canal. A gauche, des bâtiments à l'ancre qui dressent leur mâture vers le ciel bleu, tandis qu'une brise légère balance leurs pavillons de couleur. L'atmosphère est comme poudrée d'or. Au lointain, de légers nuages diaphanes montent dans l'infini, mettant mille reflets diaprés à la surface de l'eau.

Peint en 1860.

Signé à droite en bas : *Ziem*.

Toile. Haut., 82 cent. ; larg., 1 m. 16 cent.

ZIEM (F.)

[illegible] DE VENISE LE MATIN

ZIEM (F.)

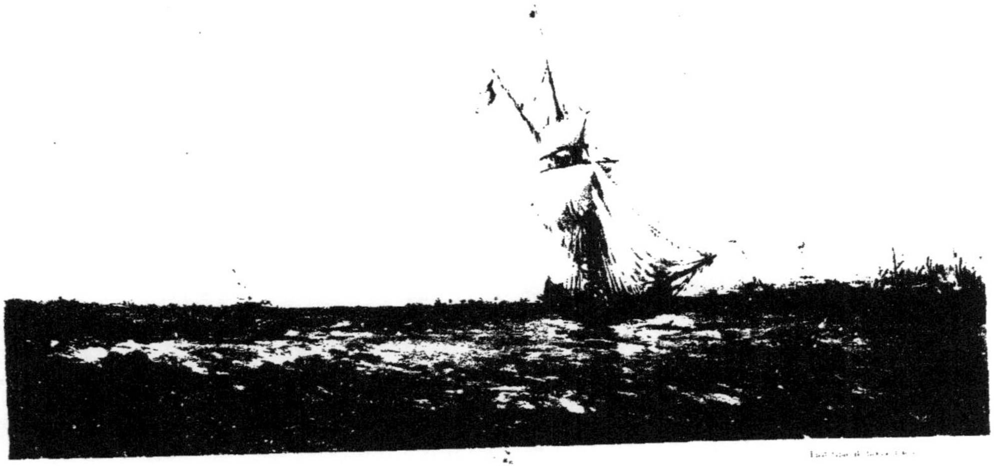

[illegible] SUR L'ADRIATIQUE

ZIEM

7 — *Polo sur l'Adriatique. Gabarre à la voile.*

La mer bleue, aux petites vagues heurtées, dont la crête parfois blanchit d'écume. Au milieu, la gabarre aux grandes voiles gonflées par le vent. D'autres voiles, à gauche, à l'horizon. Puis, au fond, les constructions, roses sous le soleil, tandis que de légers nuages blancs se perdent dans le ciel d'azur. A gauche, au premier plan, les roches sont découvertes.

Peint en mai 1862.

Signé à gauche en bas : *Ziem.*

Toile. Haut., 54 cent. ; larg., 88 cent.

ZIEM

8 — *Marseille : Le quai de Rive-Neuve au matin, l'été.*

A gauche, les maisons qui bordent le quai. A droite, les bateaux amarrés, portant leurs pavillons de couleur flottant au soleil, et dressant leur mâture sur le ciel bleu. Au milieu, le quai, avec tout son mouvement de déchargement. Un tombereau, attelé de chevaux blancs, est arrêté.

Signé à droite en bas : *Ziem*.

Panneau. Haut., 215 millim.; larg., 27 cent.

ZIEM (F.)

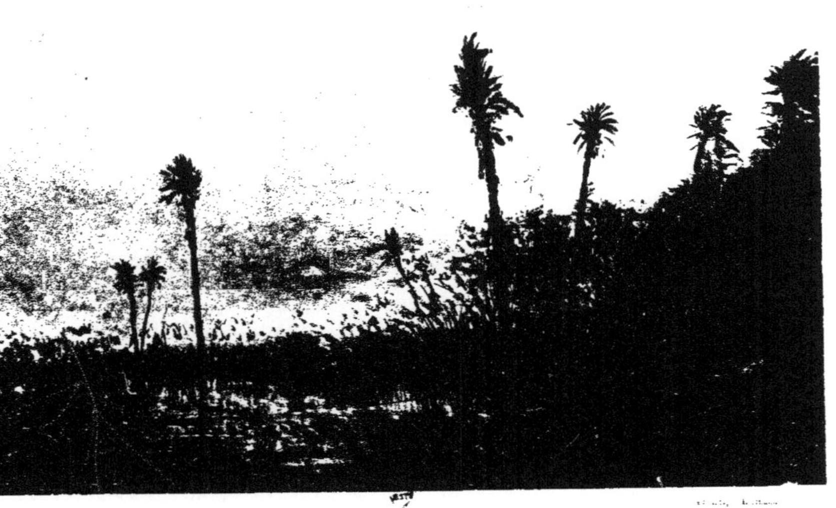

KARTHOUM — CRÉPUSCULE DU SOIR

ZIEM

9 — *Kartoum : Crépuscule du soir.*

A droite, une forêt de palmiers. A gauche, un sol marécageux, où l'eau en flaques présente juste la surface qu'il faut pour réfléchir les bruyères qui poussent alentour. Le soleil a déjà disparu derrière l'horizon, mais, dans le ciel, il allume de fauves clartés ; il déroule comme une gaze vieil or, à travers le tissu léger de laquelle on devine un infini d'azur. Et c'est du silence ; et c'est l'heure du délassement des choses ; et c'est une splendeur qui se pare de mélancolie.

Peint en 1860.

Signé à droite en bas : *Ziem.*

Toile. Haut., [illegible] cent. ; larg., 815 millim.

ZIEM

10 — *Oies passant la Seine.*

Un coin de Seine aux environs d'Argenteuil. A droite, sur la berge qui monte en pente douce, la petite gardienne d'oies s'est assise. Devant elle, tout une troupe d'oies vient de s'élancer dans le fleuve : becs jaunes, plumes blanches et grises, les bêtes nagent de toute la force de leurs pattes, suivant l'une d'entre elles qui semble diriger la promenade. Au fond, l'autre rive sous un ciel transparent. Au premier plan, le terrain est légèrement dans l'ombre. Une traînée de lumière tombe sur la troupe des oies.

Signé à droite en bas : *Ziem.*

Panneau. Haut., 45 cent.; larg., 76 cent.

ZIEM (F.)

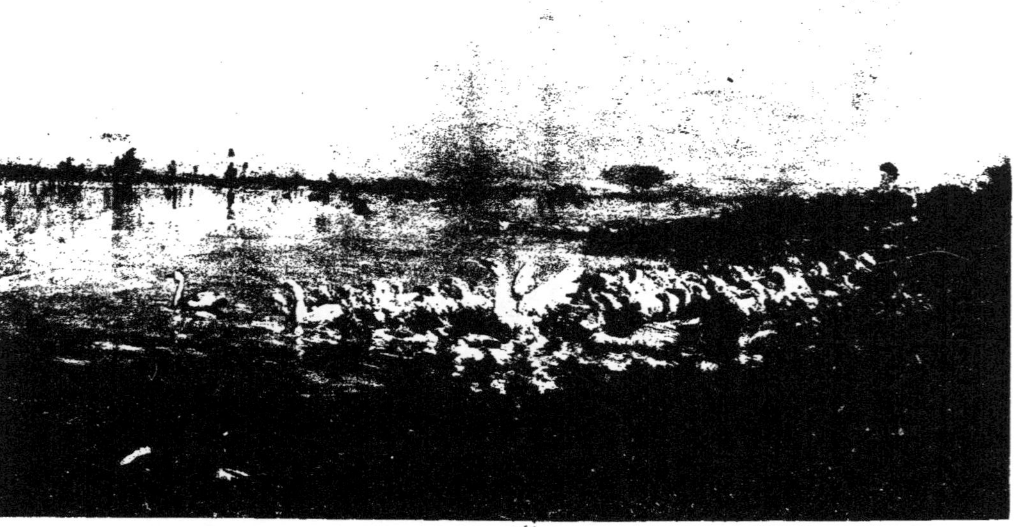

OIES PASSANT LA SEINE

ZIEM

11 — *Le Passeur.*

Au bord de l'étang qui dessine sa nappe d'eau dans un cadre de verdure, le passeur mène sa barque, tirant les avirons sans précipitation. A l'horizon, le ciel est empourpré par les derniers rayons du soleil qui se couche. Puis, la tonalité de l'atmosphère s'adoucit : des lueurs d'incendie, on passe à des transparences blondes et l'on arrive à l'azur attendri, au front duquel s'éveille le croissant de la lune.

Signé à droite en bas : *Ziem.*

Panneau. Haut., 43 cent.; larg., 74 cent.

ZIEM

12 — *Tranche de pastèque.*

Sur le sol, parmi une jonchée d'herbes fauves et sur un fond de feuillages qui ne s'éclaircissent que pour laisser voir un coin d'azur, une tranche de pastèque est déposée, chair rose comme une aile de flamant, écorce verte comme un bronze antique.

Signé à droite en bas : *Ziem.*

Toile. Haut., 28 cent.; larg., 41 cent.

ZIEM (F.)

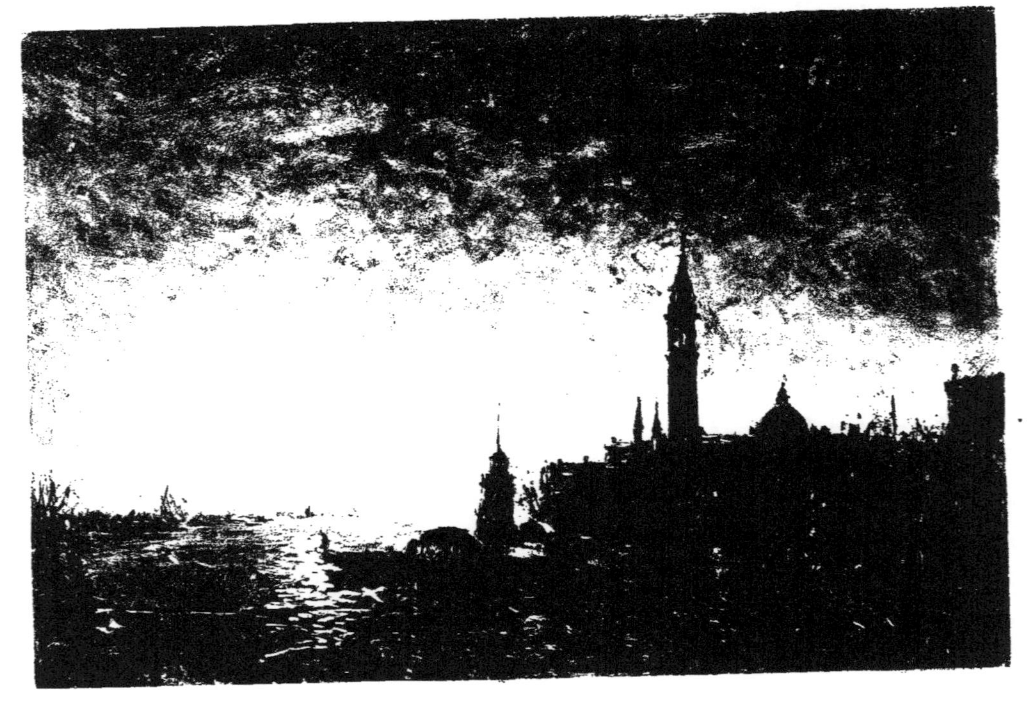

VENISE — CLAIR DE LUNE

ZIEM

13 — *Vénise: Clair de lune.*

La nuit, au-dessus du canal : la lune, dans la profondeur du ciel, dessine son disque de lumière, égrenant à la surface de l'eau qui frissonne, tout un écrin de perles aux clartés phosphorescentes. Sur l'écran du ciel, à droite. les constructions se silhouettent, terrasses, dômes, tours, clochetons ; et, dans les murailles, les fenêtres éclairées s'indiquent comme des yeux de feu. Au milieu, un gondolier pousse son embarcation qu'étoile le feu d'un falot rouge.

Peint en 1862.

Signé à droite en bas : *Ziem.*

Panneau. Haut., 54 cent.; larg., 80 cent.

ZIEM

14 — *Dordrecht : Canal de La Haye.*

A gauche, au fond, les moulins sur le bord du canal. A droite, quelques sloops de pêche aux voiles tendues. Dans les premiers plans, des vaches prenant le frais dans l'eau d'une mare. Le ciel bleu a son azur atténué par de grands nuages blancs ensoleillés, qui mettent des notes de lumière sur le poil gras et luisant des ruminants et font frissonner des reflets à la surface de l'eau.

Signé à gauche en bas : *Ziem.*

Toile. Haut., 535 millim.; larg., 81 cent.

ZIEM (F.)

[illegible] — CANAL DE LA HAYE

ZIEM

15 — *Roses de Montmartre.*

Dans un coin de jardin, quelques roses, roses, sur fond de verdure.

Signé à droite en bas : *Ziem.*

Toile. Haut., 30 cent., larg., 22 cent.

ZIEM

16 — *Roses de Nice.*

Une gerbée de fleurs aux tons jaune d'or, rouge oreille d'ours et grenat foncé.

Signé à droite en bas : *Ziem.*

Panneau. Haut., 24 cent.; larg., 26 cent.

ZIEM

17 — *Colonne de Saint-Marc. Septembre, le soir.*

Vers le soir. Toute une envolée de nuages fauves dans le ciel bleu. Au fond, de l'autre côté du canal, les constructions dorées par la lumière du soleil qui se couche. Au milieu, la colonne de Saint-Marc, au lion de bronze. Sur les marches de la base, des gens sont assis appelant à eux les pigeons. Vers la gauche, un homme d'armes appuyé sur sa lance. A droite, une marchande d'oranges et de citrons assise sur le sol.

Peint en 1855.

Signé à droite en bas : *Ziem*.

Panneau. Haut., 74 cent.; larg., 54 cent.

ZIEM (F.)

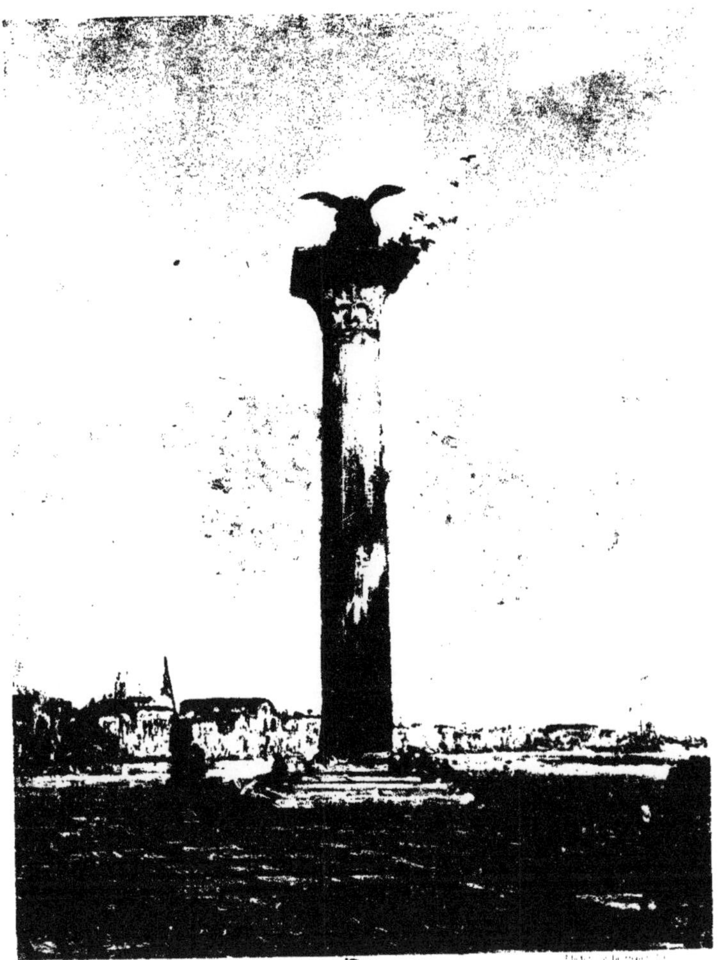

COLONNE DE SAINT-MARC

ZIEM (F.)

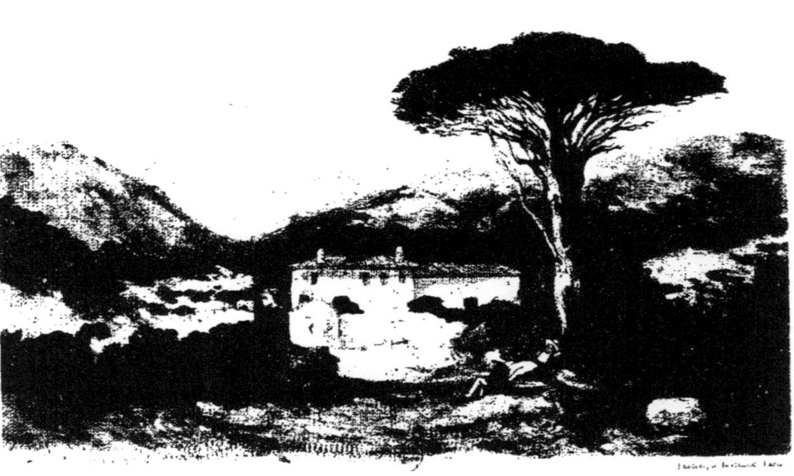

SAINT-JULIEN-LES-MARTIGUES

ZIEM

18 — *Saint-Julien-lez-Martigues.*

Dans un val d'où l'on aperçoit tout une ceinture de montagne, une maison blanche coiffée de tuiles rouges. A droite, au pied d'un pin parasol, deux personnages sont arrêtés, l'un assis, l'autre couché.

Signé à gauche en bas : *Ziem.* Daté 1845.

Toile. Haut., 245 millim.; larg., 325 millim.

ZIEM

19 — *Saint-Julien-lez-Martigues.*

Esquisse du précédent.

Signé à gauche en bas : *Ziem.* 45.

A droite on lit : Château d'Agut, 2 mars 1845.

Toile. Haut., 25 cent.; larg., 34 cent.

ZIEM

20 — *Paons perchés sur une tige, la tête tournée vers la droite, au soleil.*

Sur une branche, des paons sont perchés; l'un, blanc, a le bec ouvert et jette au soleil les notes stridentes de son gosier inharmonieux. Au fond on aperçoit un autre paon faisant la roue.

Peinture ronde.

Signé à droite en bas : *Ziem.*

Panneau. Haut., 36 cent.; larg., 36 cent.

ZIEM

21 — *Paons perchés sur une tige, la tête tournée vers la gauche.*

Dans un des écoinçons du panneau, on trouve sous le cadre un croquis, fait par le maître, de la bordure qu'il voulait pour ce panneau.

Signé à gauche en bas : *Ziem.*

Panneau. Haut., 35 cent.; larg., 36 cent.

ZIEM (F.)

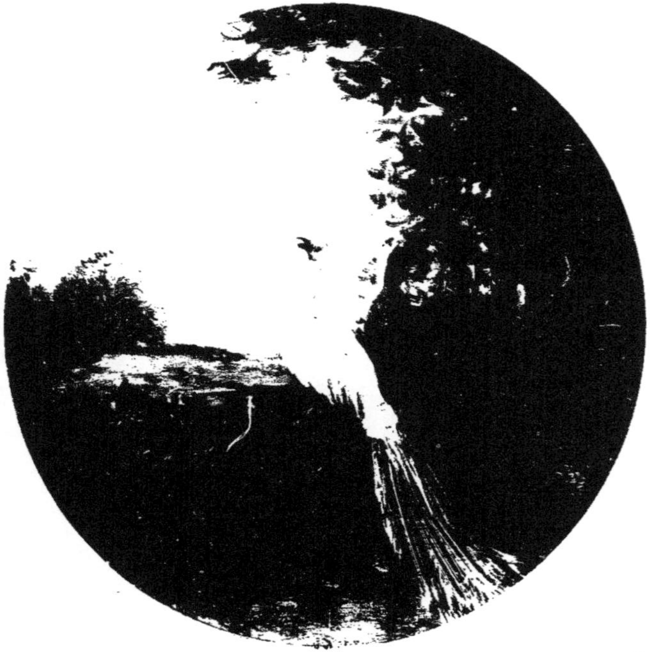

ZIEM

22 — *Un Ane.*

Il est vu de profil à gauche. Le pelage est gris avec une croupe un peu brune. Il porte sur son dos out son harnachement. Entre ses jambes, des poules viennent picorer. A droite et à gauche on aperçoit d'autres ânes.

Peint en 1845.

Signé à droite en bas : *Ziem.*

Panneau. Haut., 22 cent.; larg., 32 cent.

ZIEM

23 — *Vol de flamants.*

Dans le marais, des roseaux, un flamant aux plumes rosées, au long col blanc. Puis, à côté, tout un vol d'oiseaux, qui semblent une envolée de fleurs dans le ciel d'azur.

Signé à droite en bas : *Ziem.*

Panneau. Haut., 64 cent.; larg., 41 cent.

ZIEM

24 — *Fruits de Paris.*

Sur un tapis de verdure, on a jeté pêle-mêle des pêches à la peau douce comme du satin. L'une d'elles est ouverte. Des raisins blancs et noirs mettent leur note bémolisée sur l'harmonie chaude des beaux fruits. Dans l'écartement de branches et de grappes, on aperçoit le ciel bleu.

Signé à droite en bas : *Ziem.*

Peinture de forme ovale sur carton.

Le carton est marouflé sur panneau.

Haut., 65 cent. ; larg., 76 cent.

ZIEM (F.)

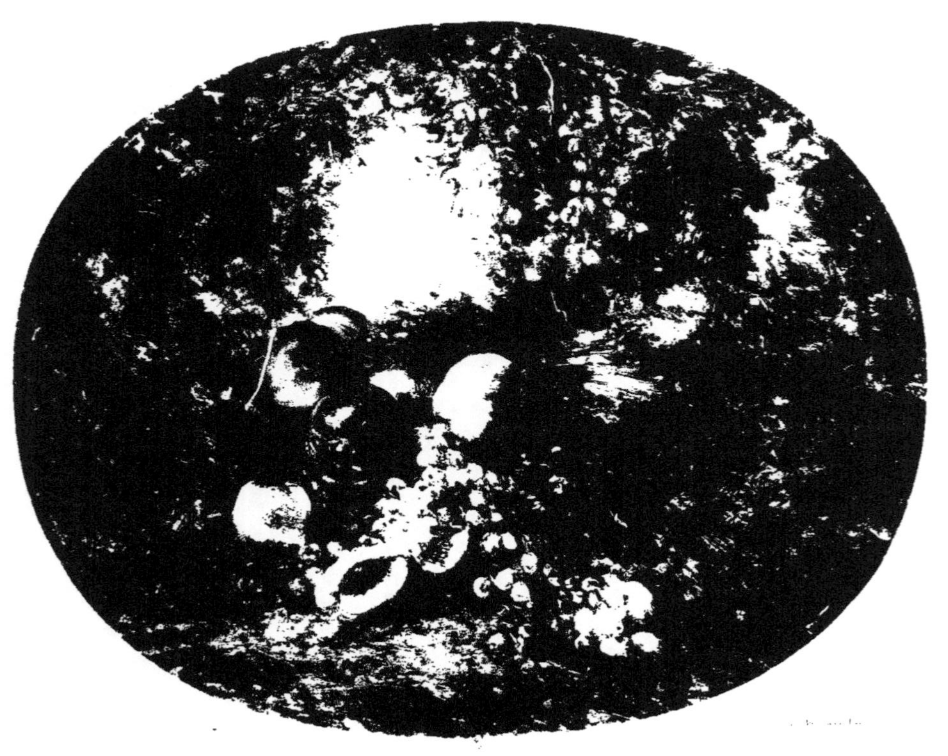

ZIEM

25 — *Un Cygne.*

Sur un lac, parmi des feuilles de nénuphars, un cygne nageant : il est vu de face, les ailes déployées.

Signé à droite, en bas : *Ziem.*

Panneau. Haut., 115 millim.; larg., 21 cent.

HOWLAND

26 — *La Douleur.*

Une femme nue dont le torse émerge d'une nuée. Elle renverse la tête et comprime son front sous ses deux mains cripées.

Signé à droite en bas : ***Howland.***

Panneau. Haut., 57 millim.; larg., 30 cent.

MALFROY

27 — *La Maison de Ziem, aux Martigues.*

Signé à gauche en bas.

Toile. Haut., 46 cent.; larg., 77 cent.

MEISSONIER

28 — *Étude de cheval bai cerise vu de face, la tête tournée vers la droite.*

Provient de la succession de Mme veuve Meissonier, née Besanzon.

Panneau. Haut., 24 cent.; larg., 165 millim.

MEISSONIER

29 — *Études.*

Dans un même cadre, sept panneaux portant sur les deux faces des études de Meissonier.

Provient de la succession de Mme veuve Meissonier, née Besanzon.

MONTICELLI

30 — *Une Après-midi d'été.*

Dans le fond d'un parc, des jeunes femmes sont assemblées, assises ou debout, et font jouer leurs enfants. Vers la gauche, l'une d'entre elles s'efforce de faire sourire un baby porté par sa compagne. Au milieu, un autre enfant vêtu de blanc regarde avec admiration un garçonnet costumé en Méphisto. Dans le fond, deux figures, debout, s'indiquent sur la profondeur du bois.

Signé à droite en bas : *Monticelli.*

Panneau. Haut., 43 cent.; larg., 62 cent.

MONTICELLI

31 — *La Cueillette des fleurs.*

Dans le fond du parc, en leur costume coquet, des bergères du temps de Watteau. Elles se sont arrêtées toutes les trois pour se partager les fleurs qu'elles viennent de cueillir. L'une est assise par terre; l'autre, devant elle, lui présente des fleurs qu'elle a jetées dans un chapeau de paille en guise de panier; la troisième se penche et regarde. Par-dessus le mur, on aperçoit un galant qui examine les trois belles.

Signé à droite en bas : *Monticelli.*

Panneau. Haut., 325 millim.; larg., 24 cent

MONTICELLI

32 — *Soir de fête.*

Au milieu, quelques musiciens. A droite, un groupe de femmes en costumes somptueux. Au premier plan, vers la gauche, une autre jeune femme qui pousse vers des lévriers un enfant que les chiens effrayent.

Signé à gauche en bas : *Monticelli.*

Panneau. Haut., 59 cent.; larg., 69 cent.

MONTICELLI

33 — *La Rose.*

Il était une fois. . La princesse, au fond du parc, est venue chercher la rose qu'une main aimée y devait déposer et, tenant la fleur de la main gauche, elle s'en retourne avec ses quatre compagnes et ses deux chiens fidèles.

Signé à droite en bas : *Monticelli.*

Panneau. Haut., 375 millim.; larg., 57 cent.

MONTICELLI

34 — *Après la fête.*

Des personnages en somptueux falbalas, hommes et femmes; à droite, un chien se tient en arrêt, stupéfait, devant un enfant nu, que son attitude semble effrayer.

Signé à droite en bas : *Monticelli.*

Collection Négretti.

(Le tableau était connu sous le titre : *Scène fantastique.*)

Panneau. Haut., 40 cent.; larg., 69 cent.

MONTICELLI

35 — *Jeunes Femmes dans un parc.*

Signé à droite en bas.

Panneau. Haut., 22 cent.; larg., 17 cent.

VERNET (HORACE)

36 — *Aux temps héroïques.*

Une clairière dans la forêt. A droite, près d'un arbre géant, l'homme, tenant à la main son arc, lève le bras gauche dans un geste de malédiction. Son manteau rouge attaché à son épaule flotte au vent. Derrière l'homme, un chien.

Signé à droite en bas : *H. Vernet.*

Toile. Haut., 365 millim.; larg., 45 cent.

VOLLON

37 — *Après la Pêche.*

Sur une table de cuisine, deux rougets, deux carpes, deux crevettes et une monstrueuse dorade.

Signé à gauche en bas : *A. Vollon.*

Panneau. Haut., 46 cent.; larg., 54 cent.

MEISSONIER (E.)

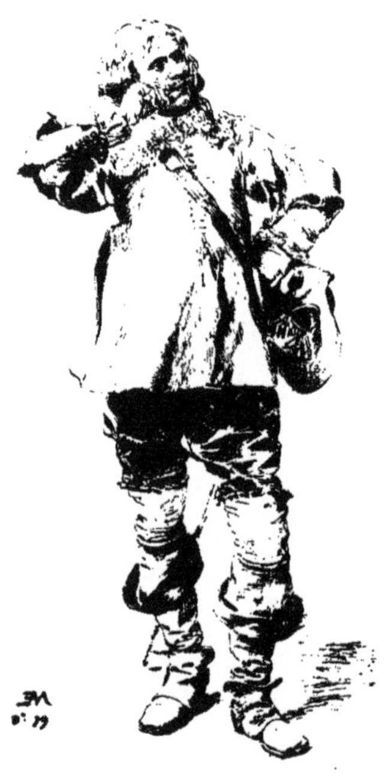

GENTILHOMME LOUIS XIII

AQUARELLES — DESSINS

ISABEY (J.-H.)

38 — *Portrait de jeune femme.*

De face, la tête légèrement tournée vers la gauche, des bouclettes de cheveux châtain clair s'échappent d'une coiffe de gaze blanche à travers laquelle on aperçoit des fleurs bleues piquées dans la coiffure. La robe est blanche avec quelques rubans bleus. La figure s'encadre d'un collet de mousseline blanche à tuyauté souple.

Miniature de forme ovale.

Haut., 13 cent.; larg., 10 cent.

MEISSONIER

39 *Gentilhomme Louis XIII.*

Il est debout, vu de face, le pied gauche porté en avant, la tête tournée vers la droite. Il frise sa moustache de la main droite et tient de la main gauche appuyée à la hanche son feutre à larges bords.

Dessin à la plume sur papier crème.

Signé à gauche en bas du monogramme EM

Daté : Novembre 79.

Provient de la succession de Mme veuve Meissonier, née Besanzon.

A figuré à l'Exposition des dessins du siècle (1884).

Haut., 235 millim.; larg., 18 cent.

MEISSONIER

40 — *Étude du Dragon d'Espagne.*

Aquarelle.

Provient de la succession de Mme veuve Meissonier, née Besanzon.

MEISSONIER

41 — *Un Album de croquis comprenant deux portraits de Meissonier par lui-même et différents croquis.*

Provient de la succession de Mme veuve Meissonier, née Besanzon.

42 — *Un Album de croquis de casques, chevaux, etc.*

Provient de la succession de Mme veuve Meissonier, née Besanzon.

43 — *Un Album de croquis divers.*

Provient de la succession de Mme veuve Meissonier, née Besanzon.

MEISSONIER (E.)

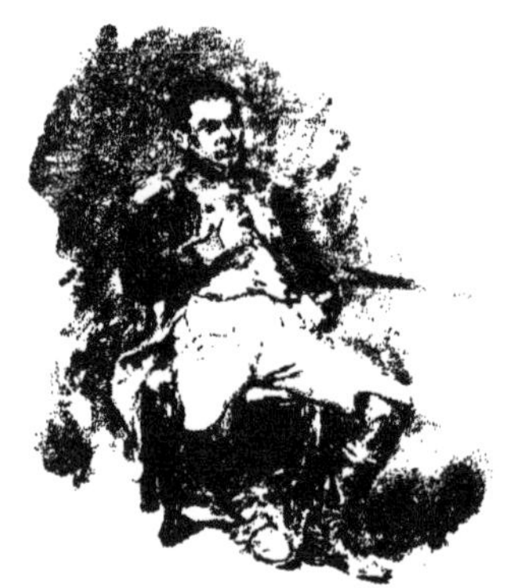

DRAGON D'ESPAGNE

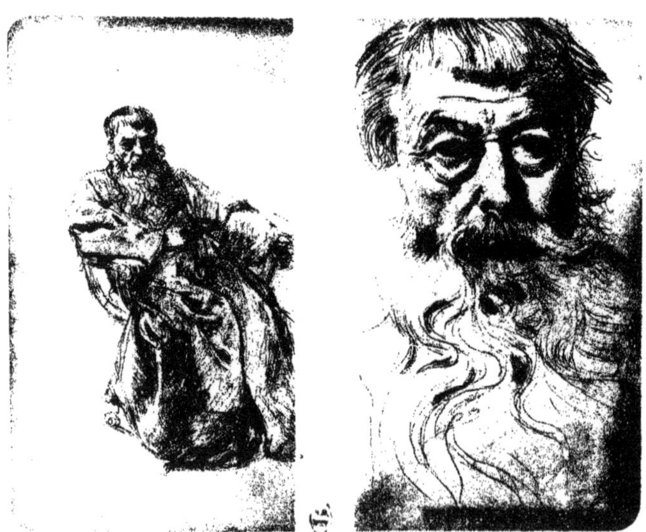

PORTRAITS DE MEISSONIER

VERNET (Carle)

44 — *Les ruines du Cloître.*

Peinture et aquarelle.
Signé à gauche en bas : *C. Vernet.*

Haut., 26 cent.; larg., 19 cent.

VERNET (Carle)

45 — *La Berline.*

Aquarelle.
Signé à gauche en bas : *C. Vernet.*

Haut., 19 cent.; larg., 27 cent.

3657. — Lib.-Imp. réunies, 7, rue Saint-Benoît, Paris. — MOTTEROZ, D'.

Collection de M. le Comte de DEMANDOLX-DEDONS

RÉSUMÉ DU CATALOGUE

DE

25 TABLEAUX

Par ZIEM

ET

TABLEAUX, AQUARELLES ET DESSINS

PAR

E. Meissonier, Monticelli, Horace Vernet, Vollon, etc.

DONT LA VENTE AURA LIEU

HOTEL DROUOT, SALLE Nº 6

Le Vendredi 26 Avril 1901, à 3 heures

COMMISSAIRE-PRISEUR :

Mᵉ LAIR-DUBREUIL

6, rue de Hanovre, 6

EXPERT :

M. HENRI HARO

14, rue Visconti et rue Bonaparte, 20

EXPOSITIONS

PARTICULIÈRE

Le Mercredi 24 Avril

PUBLIQUE

Le Jeudi 25 Avril

de 1 h. 1/2 à 5 h. 1/2

Tableaux par Ziem

1 — Le Triomphe de saint Georges le Majeur.

2 — Chiozza : Pêcheurs vénitiens . . . .

3 — Jeune Vénitienne du Rialto . . . .

4 — Pont du Rialto, septembre . . . .

5 — Grand Champ des morts à Scutari . . . .

6 — Vue de Venise, le matin. . . . .

7 — Polo sur l'Adriatique . . . .

8 — Marseille : Le quai de Rive-Neuve au matin. . . . .

9 — Kartoum : Crépuscule du soir . . . . . .

10 — Oies passant la Seine . . . .

11 — Le Passeur . . . .

12 — Tranche de pastèque. . . . .

13 — Venise : Clair de lune . . . .

14 — Dordrecht : Canal de La Haye. . . . . .

15 — Roses de Montmartre . . . .

16 — Roses de Nice . . . .

17 — Colonne de Saint-Marc . . . .

18 — Saint-Julien-lez-Martigues . . . .

19 — Saint-Julien-lez-Martigues . . . .

20 — Paons perchés sur une tige . . . .

21 — Paons perchés sur une tige . . . .

22 — Un Ane. . . . .

23 — Vol de flamants. . . . .

24 — Fruits de Paris. . . . .

25 — Un Cygne. . . . .

26 — **Howland**. La Douleur. . . . .

27 — **Malfroy**. La Maison de Ziem aux Martigues. . . . .

28 — **Meissonier**. Étude de cheval bai cerise. .

29 — **Meissonier**. Études. . . . .

30 — **Monticelli**. Une après-midi d'été. . . . .

31 — **Monticelli**. La Cueillette des fleurs. . . .

32 — **Monticelli**. Soir de fête . . . .

33 — **Monticelli**. La Rose . . . .

34 — **Monticelli**. Après la fête. . . . .

35 — **Monticelli**. Jeunes Femmes dans un parc.

36 — **Vernet** (Horace). Aux temps héroïques.

37 — **Vollon**. Après la pêche. . . . .

Aquarelles et Dessins

38 — **Isabey** (J.-H.). Portrait de jeune femme.

39 — **Meissonier**. Gentilhomme Louis XIII. .

40 — **Meissonier**. Étude du dragon d'Espagne.

41 — **Meissonier**. Album de croquis . . . . . .

42 — **Meissonier**. Album de croquis . . . . . .

43 — **Meissonier**. Album de croquis . . . . . .

44 — **Vernet** (Carle). Les Ruines du cadre. . .

45 — **Vernet** (Carle). La Berline . . . .

3783. — Librairies-Imprimeries [illegible] nies. 7, rue Saint-Benoit.

www.ingramcontent.com/pod-product-compliance
Ingram Content Group UK Ltd.
Pitfield, Milton Keynes, MK11 3LW, UK
UKHW021114260726
13994UKWH00002B/883